조정민(@ChungMinCho)의 twitter 잠언록 4

새로운 길을 가는 사람

지은이 | 조정민
초판 발행 | 2013. 11. 25.
11쇄 발행 | 2024. 7. 12
등록번호 | 제3-203호
등록된 곳 | 서울특별시 용산구 서빙고로65길 38
발행처 | 사단법인 두란노서원
영업부 | 2078-3333   FAX 080-749-3705
출판부 | 2078-3477

▍책 값은 뒤표지에 있습니다.
ISBN 978-89-531-1993-2 03230

▍독자의 의견을 기다립니다.
tpress@duranno.com   www.duranno.com

두란노서원은 바울 사도가 3차 전도여행 때 에베소에서 성령 받은 제자들을 따로 세워 하나님의 말씀으로 양육하던 장소입니다. 사도행전 19장 8-20절의 정신에 따라 첫째 목회자를 돕는 사역과 평신도를 훈련시키는 사역, 둘째 세계선교(TIM)와 문서선교(단행본·잡지) 사역, 셋째 예수문화 및 경배와 찬양 사역, 그리고 가정·상담 사역 등을 감당하고 있습니다. 1980년 12월 22일에 창립된 두란노서원은 주님 오실 때까지 이 사역들을 계속할 것입니다.

조정민(@ChungMinCho)의 twitter 잠언록 4

새로운
길을 가는
사람

조정민 지음

두란노

프롤로그

새로운 길에
도전하는 이들에게

　　　어린 시절 그늘진 삶을 살았습니다. 어깨가 늘 짓눌려 살았습니다. 길이 보이지 않았습니다. 이 길인가 저 길인가 날마다 흔들렸습니다. 때로는 벼랑 끝에 서 있는 느낌이었습니다. 이제 그만 끝내야겠다고 생각한 때가 많았습니다. 종교는 때로 위안이었지만 삶의 답으로 미흡했습니다. 몇몇 종교의 길을 기웃거리다 직장 생활이 시작되었습니다. 치열한 길이었습니다. 목숨을 걸었습니다. 일은 길이 되었습니다. 길 곁에 서성이던 사람들의 눈길이 눈에 선합니다. 돌아보면 진심으로 손뼉을 쳐 준 사람이 많지 않았습니다.

　　　세상이 바뀌고 사람들이 바뀌었습니다. 사람들은 이제 다른 길을 간다고 생각합니다. 전혀 새로운 길을 걷고 있다고 여깁니다. 그렇기도 하고 그렇지 않기도 합니다. 무엇이 길인가를 곰곰이 생각하지 않으면 그냥 사람들의 물결에 휩쓸려 가면서 길을 가고 있다고 착각하게 됩니다. 길이 이미 끊어진 곳인데도 몰려가기 때문에 생각 없이 걷기도 합니다. 트위터 광장, 페이스북 우물가에서 만난 사람들과 길 얘기를 나누기 시작한 것이 벌써 4년 세월이 흘렀습니다. 길을 찾는 사람들과 길 얘기를 시작했고, 길을 벗어난 사람들과 길 얘기를 계속했습니다.

《새로운 길을 가는 사람》은 그 짧은 한마디를 모은 네 번째 책입니다. 누가 듣겠나 했더니 여러분들이 소식을 전해 주셨습니다. 펴냈던 책들이 길 잃은 사람들에게 한줄기 오솔길처럼 다가오기도 했다고 들었습니다. 그냥 이 길로 인생을 끝내야 하나 망설였던 사람들이 새로운 길로 접어들었다는 말도 들었습니다. 감사한 일입니다. 아무 재능도 희망도 없던 사람이 길 되신 분을 만나 이런 과분한 선물을 받았습니다. 이번 책 제목은 원래 '깊은 샘은 마르지 않는다'로 하고 싶었으나 '길'을 고집하는 분들에게 길을 터 주었습니다.

    올해 3월 이런저런 모습으로 방송에 몸담았던 30년을 뒤로하고, 은혜의 젖줄이었던 온누리교회 품을 떠나 베이직교회의 한 지체가 되었습니다. 교회를 개척하거나 세우는 것이 아니라 그냥 삶이 교회가 되는 새로운 길을 걷기 시작했습니다. 아내와 두 아들이 든든히 동행해 주었고 믿음의 형제자매들이 손을 잡아 준 것이 큰 기쁨입니다. 해가 가기 전에 네 번째 잠언록을 덤으로 안겨준 두란노 가족에게 감사합니다. 책이 새로운 길에 밀려 내리막에 접어들어도 변함없는 열정으로 책을 만드는 덕분에 길 밖의 사람들이 '새로운 길을 가는 사람들'이 되기를 기도합니다.

2013년 겨울 문턱
청담동 베이직교회 기도의 자리에서
조정민

인생에서 자유로운 삶이란
아무한테도 신경 쓰지 않는 삶이 아니라
오직 한 사람에게만 신경 쓰는 삶입니다.

차례

| 프롤로그 | 새로운 길에 도전하는 이들에게 | 004 |

하나,	인생길에 만나는 고난은 축복이다	010
둘,	속도가 아니라 방향을 따라 가라	036
셋,	사랑하면 다 알게 된다	082
넷,	길은 사람에게로 이어진다	124
다섯,	나에게로 길을 걷다	176
여섯,	새로운 길을 가는 사람	234
일곱,	위대한 여정은 위대한 귀환이다	258

하나.

인생길에 만나는 고난은 축복이다

1

산 정상에 올라가야 숨 막히는 전경을 볼 수 있지만
그곳에 오래 머무를 수는 없습니다.
일상은 대부분 산기슭의 삶입니다.

2
정상에 오르는 사람은 누구나 같은 곳을 지납니다.
죽을 만큼 힘든 고비를 지나서 갑니다.
그 정상에서 내려오지 않는 사람도 없습니다.
그 길은 더 어렵고 험합니다.

3
내가 순간순간 감사를 결정하지 않으면 나를 불만에 빼앗기고,
기쁨을 결정하지 않으면 나를 짜증에 빼앗기고,
기도를 결정하지 않으면 나를 염려에 빼앗깁니다.

4
꿈꾸는 사람은…
모든 사람이 장애물을 볼 때에도 가능성을 보며,
모든 사람이 낙심할 때에도 희망을 버리지 않습니다.

5

왜 내게 이런 일이 일어나나?
도대체 왜 저런 일이 일어나나?
이해할 수 없는 일들은 별 생각 없이 사는 나를
깊이 생각하며 살도록 하기 위한 일들입니다.

6

운전은 할 만하다고 생각할 때 사고가 나고,
일은 알 만하다고 생각할 때 실수합니다.

7
박해를 받지 않는 위대함이 없고,
오해를 받지 않는 진리가 없습니다.

8
살다가 누구나 넘어집니다.
넘어진 것을 인정하는 사람과
인정하지 못하는 사람이 있을 뿐이고,
도움을 청하는 사람과
도움을 청하지 못하는 사람이 있을 뿐입니다.

9
수없이 많은 실망의 계곡을 건너지 않고
희망의 정상에 이른 사람은 없습니다.

10

성공한 사람들은 실패한 사람들보다 덜 실패한 것이 아니라,
많이 실패했지만 그 실패로부터 더 많이 배운 사람들입니다.
실패를 두려워하고 성공한 사람은 아무도 없습니다.

11

비만 오면 홍수가 나서 못 살고,
햇볕만 내리쬐면 사막이 돼서 못 삽니다.

12

교만한데 성공하는 것은
눈을 가리고 벼랑길을 가는 것과 같습니다.
얼마나 갈지는 몰라도 끝은 압니다.

13

내가 제대로 알지 못하는 것이 더 있습니다.
내가 결코 알 수 없는 것이 더 있습니다.
내가 일생 배워도 알 수 없는 것이 끝도 없습니다.
교만은…

다 안다고 믿습니다.

14

꿈을 포기하는 이유는
다가올 기쁨이 지금의 고통에 비할 바가 아님을
따져보지 않았기 때문이고,
그 기쁨을 지금부터 누릴 수 있는데도
먼 훗날로 밀쳐놓았기 때문입니다.

사방이 다 막힌 것 같아도 고개를 들면
위는 항상 열려 있습니다.

16

내 몸을 잊고 물건을 덥석 집다가 허리가 결리고,
내 영혼을 잊고 몸의 탐욕을 채우다 영혼이 결립니다.
영혼의 결림병은 갈수록 추합니다.

17

오해는 기준점을 잘못 설정했기 때문이고,
실패는 출발점을 잘못 선택했기 때문입니다.

18
같은 장소인데… 한 사람은 쓰레기가 넘치는 곳으로 만들고,
한 사람은 꽃이 활짝 핀 정원으로 가꿉니다.
같은 마음인데… 한 사람은 죽음의 파편들로 가득하고,
한 사람은 생명의 씨앗들로 넘칩니다.

19
훈련은 근육을 단련하고,
고난은 영혼을 연단합니다.

20

돈이 없어도 돈에 묶일 수 있고,
돈이 많아도 돈에 묶일 수 있습니다.
사람은 돈에 묶이는 것이 아니라
돈에 대한 생각에 묶이기 때문입니다.

21

건강한 즐거움과 위태로운 쾌락은 종이 한 장 차이고,
건강한 욕망과 위태로운 탐욕도 종이 한 장 차입니다.
그 작은 차이가 전 생애를 가릅니다.

22

내 인생이 미로로 변한 까닭은 걸핏하면 변하는

나 자신을 출발점으로 설정했기 때문입니다.

23

세상은 사람의 필요를 채우는 데 결코 부족하지 않지만,
사람의 탐욕을 채우기에는 턱없이 부족합니다.

24

행복한 사람은 나를 도와준 사람들을 더 많이 기억하고,
불행한 사람은 나를 힘들게 한 사람들을 더 많이 기억합니다.

25

뿌리를 다스리지 못하면 상한 잎을 따야 헛일이고,
뿌리에 이르지 않으면 열매에 주는 비료는 헛수곱니다.

26

"감사합니다."
"죄송합니다."
"네."
"아니요."

인생이 펴지고 꼬이는 것은 대부분 이 네 마디에 달렸습니다.
말을 잘하고 못하고도 이 네 마디에 달렸습니다.

27

영혼을 억압하고 묶는 것은
무슨 이름으로 불리더라도 우상과 이단입니다.

28

왜 내게 이런 일이 일어났나를 계속 물으면 분노가 자라고,
왜 내게 저런 일이 일어나지 않았나를 질문하면 감사가 자랍니다.

29

담이 감옥을 만들고
철창이 감방을 만들지만
더 힘든 곳은
내 욕심이 만든 감옥이고
내 편견이 만든 감방입니다.

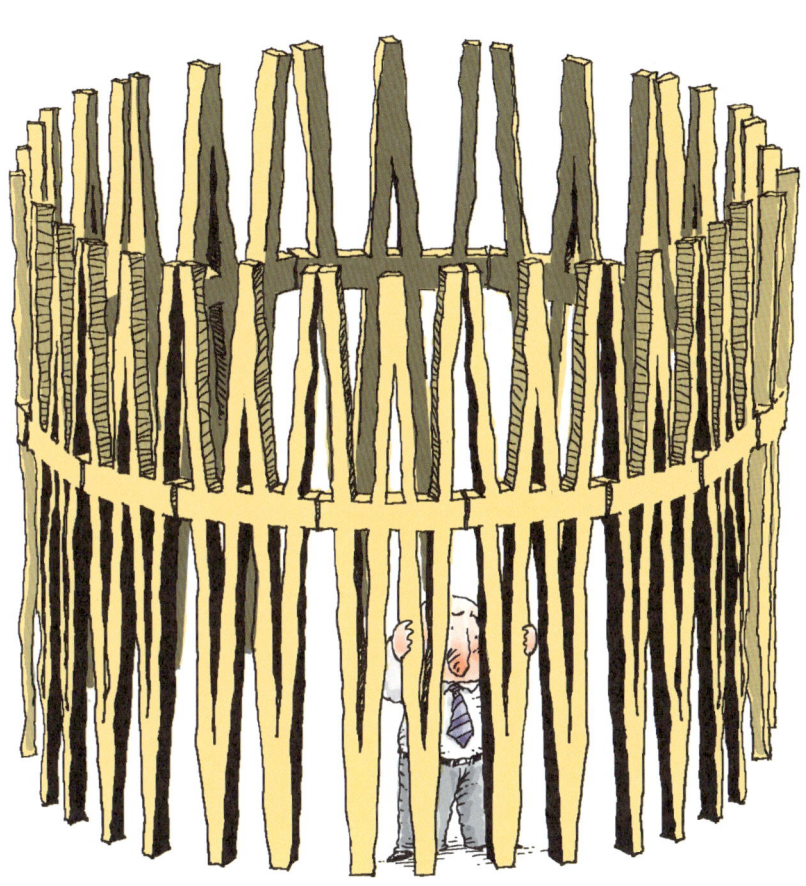

30

듣지 말아야 할 말을 듣고,
믿지 말아야 할 것을 믿고,
하지 말아야 할 일을 하면서도
일이 잘되고 있다면
잘되는 것이 아니라
지금 망하고 있는 중입니다.

31

가장 큰 갈등은
나와 너의 갈등이 아니라
나와 나의 갈등입니다.
나와 나의 갈등을 풀지 않고
나와 남의 갈등을 해결한 사람은 없습니다.

32

목표를 향해 지금 애쓰고 있지 않다면
나도 모르는 사이
어디론가 떠내려가고 있는 중이고,
목표를 두고도 요즘 편안하다면
어느새 내리막길을 걷고 있는 중입니다.

33

망설이고 주저하고 신뢰하지 않는다면
지금 바로 멈추거나 돌아서야 합니다.
200%를 확신해도 끝까지 가기란
결코 쉽지 않습니다.

둘.

속도가 아니라 방향을 따라 가라

걸어가는 속도를 바꾸는 것이 아니라
가고 있는 방향을 바꾸는 것이 변화의 목적입니다.
진정한 변화는 언제나 방향을 바꾸는 일입니다.

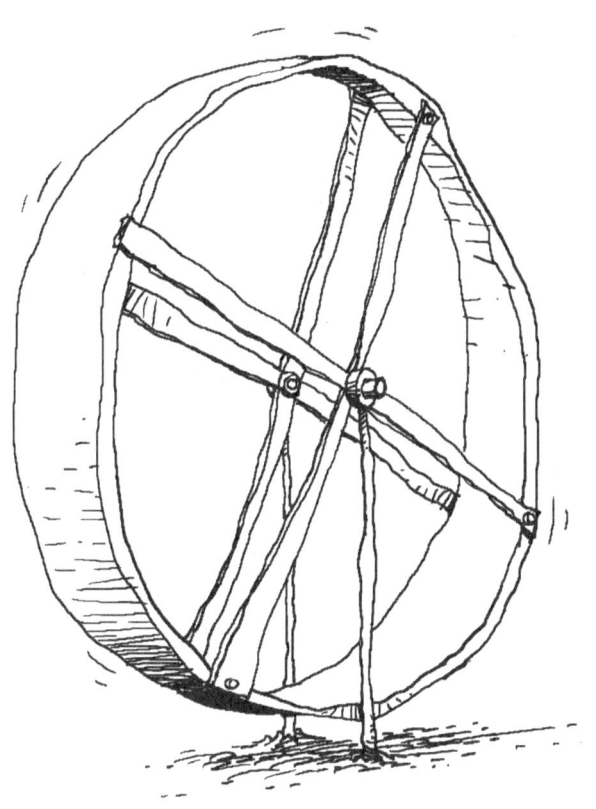

상처는 과거를 먹고 자라고, 꿈은 미래를 먹고 자랍니다.
어느 쪽이건 내가 먹이는 대로 자랍니다.

36

하루살이는 하루를 사는 것이 고작인데도 쉴 새 없이 바쁘고,
불나방은 뛰어들면 죽는데도 기어이 불만 보면 달려듭니다.

37

죽을힘을 다해 성공했는데
내가 진정으로 원했던 것이 아니라면…
정상까지 올라간 뒤에야
산을 잘못 올랐다는 사실을 깨닫는 것입니다.

38

무지보다 잘못 아는 것이 문제이고,
무능보다 정직하지 않은 것이 더 큰 문제이고,
가난보다 부유해서 교만과 향락에 빠지는 것이
훨씬 큰 문제이고, 문제인 줄 몰라서 가장 큰 문젭니다.

39

문제는 가까이서 보면 언제나 커 보이고,
한발 떨어져서 보면 언제나 작아 보입니다.
멀리 지나가서 보면…
문제 같지도 않습니다.

40

일은 해보면 해볼수록 쉬워지고,
피하면 피할수록 어려워집니다.
새로운 일도 시도하면 시도할수록 대담해지고,
포기하면 포기할수록 소심해집니다.

41

내가 분노를 다스리지 않으면
분노가 나를 다스릴 것이고,
내가 탐욕의 목을 조르지 않으면
탐욕이 내 목을 조를 것입니다.

42

방향이 틀리면 빨리 가는 것이 더 위험하고,
감동이 없으면 재미가 있어도 뒤끝이 허망하고,
나누지 않으면 많이 가져도 불행합니다.

43

두려워하다가 더 묶이고
아까워하다가 더 잃습니다.
두렵더라도 지금 끊어야 하고,
아깝더라도 지금 버려야 합니다.

44

실패하지 않겠다는 생각이 실패를 부르고,
실수하지 않겠다는 결심이 실수를 낳습니다.
성공의 갈망과 실수의 두려움은 그 자체가 덫입니다.

45
진리의 등산로에는 입산금지 팻말이 없고
돈 달라는 매표소가 없습니다.
있다면 길을 잘못 들어선 것입니다.

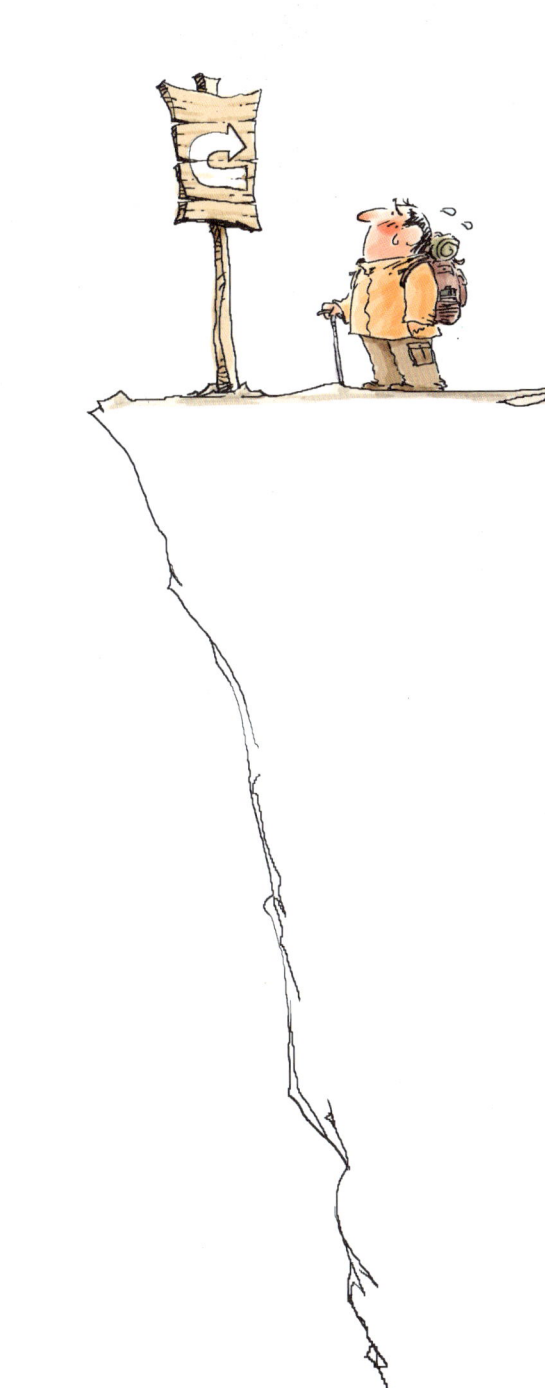

젊어서 아름다운 것이 아니라 순수해서 아름다운 것이고,
늙어서 추한 것이 아니라 탐욕스러워서 추한 것입니다.

지혜는 지금 만족할 줄 알고, 탐욕은 끝까지 만족할 줄 모릅니다. 그러나 탐욕은 채워질 때까지 고통스럽고 채워지는 순간 허망합니다.

48

꿈을 품고 사는 사람과 욕심을 안고 사는 사람은
비슷해 보여도 끝이 다릅니다.

49

답을 알면 얼굴이 변하고 해결책을 알면 말이 변합니다.
알면 모를 때와 같을 수가 없습니다.

50

혹독한 검증을 거치지 않은 꿈은 꿈이 아니라 몽상이고,
값비싼 대가를 치르지 않은 꿈은 꿈이 아니라 욕심입니다.

51

겪어 보면 별것도 아니고, 지나가면 별일도 아닙니다.
그러나 마음이 묶이면 헤어나지 못합니다. 헤어나는 길은
더 큰 일을 바라보고 더 깊은 본질에 집중하는 것입니다.

52

도로표지판을 무시했거나 지나쳤다가 길을 잃었다면
다시 그 자리로 되돌아가는 것이 제일 빠른 길입니다.

53

어려움을 겪고 있을 때는 잘 알 수 없지만
고생 끝에 돈이 생기면
어떤 욕심을 지녔는지가 드러나고,
힘이 생기면 어떤 인격인지가 드러납니다.

54

내 뜻대로 되지 않는 일이 있어 내 뜻을 살펴보고,
내 마음대로 할 수 없는 일이 있어 내 마음을 돌아봅니다.

55
넘어지는 것이 부끄러운 것이 아니라
일어나지 않는 것이 부끄러운 일이고,
실패하는 것이 잘못이 아니라
불평하는 것이 잘못입니다.

56
진실한 삶이 불행할 수는 있어도,
거짓된 삶이 행복할 수는 없습니다.

57

입맛이 없으면 몸에 이상이 있다는 사인(sign)이고,
기쁨이 없다면 영혼이 병들었다는 사인입니다.
사인을 무시하면 병이 더 깊어집니다.

58

늘리고 키우고 불리는 것도 능력이지만
멈추는 것은 더 큰 능력입니다.

59

인생은 이미 일어난 일로 결정되는 것이 아니라
이미 일어난 일을 어떻게 받아들이고 반응하는가에 달렸습니다.

60

믿어도 고난을 만나지만
믿음은 고난을 이깁니다.

61

내가 이해할 수 있는 삶을 선택하면 내 수준의 삶을 살고,
내가 이해할 수 없는 삶을 선택하면 내 수준 너머의 삶을 삽니다.

시작되어야 시작이고 끝나야 끝입니다.
그러나 누구도 정확한 시작과 끝을 다 알 수 없습니다.

63

뿌리의 문제는 줄기나 가지에서 결코 해결되지 않습니다.
뿌리에서 생긴 문제가 뿌리에서 해결되지 않으면
문제는 더 커지고 복잡해질 뿐입니다.

64

왜 내가 이런 고통을 겪어야 합니까?
시원한 답이 없습니다.
고통은 이렇게 물어야 합니다.
무엇을 위해 이 고통을 견딜까요?
어떻게 이 고통을 이길 수 있을까요?

65

열매의 가치를 아는 사람은 꽃이 지는 것을 슬퍼하지 않고,
미래의 가치를 아는 사람은 현재의 고난을 회피하지 않습니다.

66

죽음과 친해지는 것보다
삶과 더 친해지는 길이 없고,
죽음의 가치를 제대로 아는 것보다
삶의 가치를 바르게 아는 길이 없습니다.

67

고난을 피할 수는 없어도 고난에 빠지지 않을 수는 있습니다.
고난의 파도를 타기 시작하면···.

인생은 장애물 경기입니다.
장애물은 넘어가야지 부딪히거나 넘어지면 실격입니다.

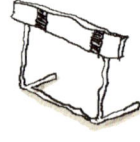

인내는 할 일을 다하면서 기다리는 것이고,
게으름은 할 일을 하지 않고 미루는 것입니다.
인내의 결과와 게으름의 결말은 반댑니다.

70

부화는 껍질이 깨지는 아픔을 겪어야 하고,
출생은 산고를 치르는 아픔을 겪어야 합니다.
아픔을 겪지 않고 새롭게 태어나는 것은 없습니다.

71

내가 시도하지 않은 일을 하는 사람과
내가 할 수 없다고 포기한 일을 하는 사람은, 내가 알 수 없는
고통을 겪었고 내가 흘리지 않은 눈물을 흘린 사람입니다.

72

다음을 알면 이렇게 선택하지 않고,
끝을 알면 이렇게 살지 않습니다.

73

십자가는 뜻밖에 닥친 불운이 아니라,
그럴 줄 알고 겪는 고난입니다.

74

고난이 축복인 것은 고난 속에서 속사람이 강해지고,

속사람이 강해질수록 사는 것이 덜 힘들기 때문입니다.

75

미숙한 삶에서 성숙한 삶으로 가는 여정에
광야를 피해 갈 수 있는 길이 없고,
고난이 면제되는 길도 없습니다.

76

승자는 잠시 역사의 목차를 쓰고,
패자는 다시 역사의 속살을 채웁니다.
영원의 시간은 한순간의 승패를 기록하지 않습니다.

77

고통스럽지 않아서 그 길을 가는 것이 아닙니다.
고통보다 더 큰 기쁨의 길이기에 그 길을 갑니다.
기쁨을 미리 맛본 사람은 고통과 위험에 기죽지 않습니다.

78

새는 구멍을 막지 않고
물을 그릇에 채울 수가 없고,
물살을 거슬러 올라가지 않고
물의 근원에 이를 수 없습니다.

닫혔다고 생각하면 닫힌 문이 보이고,
열렸다고 생각하면 열린 문이 나타납니다.
가장 단단히 잠긴 문은 내 생각의 문입니다.

80
사방에 철창을 달면 누구도 집 안에 들어올 수 없지만
사실 내가 갇힌 셈이고,
굳게 마음을 닫으면 아무도 내 안에 들어올 수 없지만
정작 내가 갇힌 것입니다.

81
지금까지 쌓은 것을 지키려다가 다 허물어지고,
지금까지 좇은 것을 완성하려다가 다 잃어버립니다.
지금까지 해온 것들에 묶이면 새 길은 열리지 않습니다.

82
인생의 참된 성공은 아낌 없이 미련 없이 후회 없이 남김 없이
살고 난 후에나 찾아오는 것이어서
성공을 생각할 겨를이 없는 삶입니다.

83

암보다 무서운 것은 두려움입니다.
두려움은 가능성과 희망과 미래의 문을 닫아 버립니다.
그러나 모든 두려움은 근심이지 사실이 아닙니다.

84

일이 어려워서가 아니라 두려워서 앞으로 나아가지 못하고,
자원이 없어서가 아니라 믿음이 없어서 일을 포기합니다.

85

불행을 예감하면서 행복할 수가 없고, 행복을 예감하면서
불행할 수 없습니다. 예감은 있지도 않은 일을
미리 마음속에 담아 실제로 만드는 것입니다.

86
불행은 잃어버린 것을 기억하고,
행복은 남아 있는 것을 발견합니다.

87
가장 비극적인 인생은 속으로 하나도 바뀌지 않았는데
겉으로 바뀐 체하면서 일생을 보내는 삶입니다.

88

희망은 언제나 내 앞에 있지만 내가 붙들지 않으면 소용이 없고,
절망은 언제나 내 곁에 있지만 내가 붙들지 않으면 그만입니다.

89
차선의 삶이 주는 즐거움을 버리지 않고서는
최선의 삶이 주는 기쁨을 맛볼 수 없습니다.

90
월요병, 그런 병은 없습니다.
다만 하고 싶지 않은 일과 보고 싶지 않은 사람이 있을 뿐입니다.

91

문 하나가 닫히면 반드시 다른 문이 열립니다.
닫힌 문만 쳐다보면 열린 문이 안 보입니다.

92

수치스럽고 분노하고 죽고 싶은 상황을 겪지 않고
인내와 화해와 용서를 배울 수는 없습니다.

93

마지막 잎새가 떨어진다고
나무가 죽은 것이 아니고,
마지막 도움이 사라진다고
인생이 끝난 것이 아닙니다.
견디기만 하면…
겨울 끝에 새순이 돋아나고,
고난 끝에 새 꿈이 자랍니다.

94

아무리 실수하고
아무리 실패해도
인생도 세상도
끝이 아닙니다.

셋.

사랑하면 다 알게 된다

95

사랑이란
누군가의 존재 자체를 기뻐하는 것이고,
미움이란
그 존재 자체를 싫어하는 것입니다.

96
내가 옳다고 믿는 동안은
누구도 진심으로 신뢰할 수 없고,
내가 낫다고 판단하는 동안은
아무도 진정으로 사랑할 수 없습니다.

97

그 사람의 좋은 점부터 찾지 않고
그 사람과 좋은 관계를 시작하기는 어렵습니다.
그 사람과의 관계가 틀어진 것은
대부분 내가 그 사람의 단점부터 찾기 때문입니다.

98

세상에 무시해도 좋을 사람은 없습니다.
그러나 만약 자신이 무시당하면
결코 그냥 지나치지 않을 사람들이
다른 사람들을 가장 쉽게 무시합니다.

99

어리석은 사람은 사람의 말을 믿고,
영리한 사람은 사람의 얼굴 표정을 읽고,
지혜로운 사람은 그 사람 삶의 열매를 확인합니다.
사람 아는 일에는 누구나 시간을 두어야 합니다.

100

어릴 때는 내가 그를 미워하는 것도
그가 나를 미워하는 것도 다 그 사람 탓이지만,
어른이 되면 내가 그를 미워하는 것도
그가 나를 미워하는 것도 다 내 탓입니다.

101

그 사람을 쉽게 판단하는 까닭은
머리가 좋아서가 아니라 사랑하지 않기 때문이고,
그 사람이 절로 이해되는 까닭은
잘 알아서가 아니라 사랑하기 때문입니다.

102
약속은 어려워서 못 지키는 것이 아니라
사랑이 식어서 지키고 싶지 않을 뿐입니다.

103
무슨 말을 하더라도 결국은 돈을 계산하고
무슨 생각을 하더라도 결국은 나를 위한 생각이면,
입으로 무슨 얘기를 하더라도
사람의 마음을 움직일 수는 없습니다.

104
어른이 되었다는 것은 돌보지 않아도 되는 사람을 돌보고,
무시해도 좋을 사람을 인격적으로 대접할 줄 안다는 말입니다.

105

사랑한 만큼 성공하고,
미워한 만큼 실패합니다.

106

사람을 의지하면 의지할수록
사람이 실망스럽고,
사람을 사랑하면 사랑할수록
사람이 안됐습니다.

107

사랑은 온 몸을 눈과 귀로 만들고,
미움은 온 마음을 벽과 담으로 만듭니다.

108

쉽고 만만한 사람은 없습니다.
쉽고 만만하다고 생각하는 교만이 있을 뿐입니다.

109

날마다 누군가를 힘들게 하고 무시하고 돌아보지 않고 욕해대면서 누군가에게 사랑한다고 말할 수는 없습니다. 사랑은 그렇게 이리저리 나눠지지 않는 마음입니다.

내 기준을 내려놓지 않고 누군가를 진실로 사랑할 수 없습니다.
내 기준을 포기하지 않고 누군가를 진실로 포용할 수 없습니다.
그런데 진실은 내가 기준이 아닙니다.

111
사랑은 말 한마디 없어도 다 알아듣고,
미움은 많은 말을 해도 못 알아듣습니다.

112
내가 나를 기대하면 열정이 커지고,
내가 남을 기대하면 실망이 커집니다.

113

시기심에서 속히 벗어나야 할 이유는
그 사람의 약점을 찾아 두 손에 쥐고
흔들다 내 장점을 떨어뜨리기 때문이
고, 그 사람의 단점을 찾다가 부지불식
간에 그 단점을 배우기 때문입니다.

예수는 타락한 인간의 욕망을 채우기 위해
십자가를 진 것이 아니라,
인간이 타락의 수렁에서 빠져나올 수 있도록
계단이 되기 위해 십자가를 졌습니다.

115
권력은 힘이 있어서 명령하고,
사랑은 힘이 있어도 간청합니다.

116
사랑은 의미 없는 것을 의미 있게 하고,
가치 없는 것을 가치 있게 만드는 유일한 힘입니다.

117
사랑은 한 순간에 빠지는 곳이 아니라
힘을 다해 기어 올라가는 곳입니다.
빠진 곳은 사랑이 아니라
유혹이고 정욕입니다.

118
사람을 많이 아는 것은
사람을 깊이 아는 것에 미치지 못하고,
사람을 깊이 아는 것은
사람을 진실로 사랑하는 것에 미치지 못합니다.

119

가장 기대한 사람에게 실망하고,
가장 가까운 사람이 돌아서고,
가장 믿었던 사람이 속입니다.
그런 사람들을 그냥 불쌍히 여기는 것이 사랑입니다.

120

마음에 사랑이 차오를 때 말하고,
손발에 사랑이 차오를 때 도우면
아무도 상처받지 않습니다.

121

예수가 십자가에 달린 것은
그의 가슴에서 일었던 분노가
위험했기 때문이 아니라,
그의 중심에서 흘러넘치는 사랑이
위험했기 때문입니다.

122

사랑하고 또 사랑하다가
사람들에게 부끄러움을 당할 수는 있지만,
내가 부끄러워해야 할 일은 없습니다.

123

사랑하기 때문에 한 일이 아니라면
나는 아무 일도 하지 않은 것입니다.
사랑하기 때문에 베풀지 않았다면
나는 아무 것도 베푼 것이 없습니다.

124

사랑하면 어떻게든 헤쳐가려 하고,
사랑이 식으면 어떻게든 헤어지려고 합니다.

125

사랑은 옳고 그름을 따지지 않고
그냥 그 사람의 편이 되어 주는 것입니다.

126

작은 배려는 일으켜 세우고
큰 배려는 일어날 때까지 기다립니다.
작은 사랑은 위로하고 큰 사랑은 침묵합니다.
배려하고 사랑하는 방식이 달라 때로 오해가 많습니다.

127

정말 사랑하는 사람은 사랑한다고
쉽게 말하지 않습니다.
사랑은 한순간 고백하고 일평생 책임지는 일이기 때문입니다.

128

비록 정의 안에 힘이 있고, 능력 안에 돈이 있고, 사랑 안에 성이 있지만… 힘은 정의가 아니고, 돈은 능력이 아니고, 성은 사랑이 아닙니다.

129

사랑은 내 행복에 반드시 있어야 할 것들을 그 사람의 행복을 위해 기꺼이 포기하는 것입니다. 사랑의 신비는 그 속에서 행복보다 나은 삶을 경험하는 것입니다.

130

희망이란 현재의 부재와 미래의 실재를 연결하는 다리입니다. 희망은 미래에 존재하게 될 것들이 지금부터 그 모습을 드러내는 신비한 능력입니다.

131

더 가져서 풀리는 문제는 한 가지고, 덜 바라서 풀리는 문제는 열 가지입니다. 더 갖고자 하면 행복은 저만치 달아나고, 덜 욕심을 내면 행복은 제 발로 찾아오옵니다.

132

희망의 사람은 낙심과 절망을 모르는 사람이 아니라
낙심과 절망이 찾아올 때마다
희망을 기억하고 희망의 메시지를 다시 붙드는 사람입니다.

133
아름다운 꿈과 참된 사랑은 우리 안에서 두려움을 내쫓고,
유혹이 내 머리에 둥지를 틀지 못하게 합니다.

134
이상하게도 손해를 봐야 참 기쁨이 찾아오고,
쏟아부어야 참 사랑을 맛봅니다. 계산하면 머리만 복잡합니다.

135

우리가 사는 세상은 비록 곳곳이 부패하고 사방이 부조리지만
사랑에 눈뜨기만 하면 희망을 보석처럼 캐낼 수 있는 곳입니다.

136

믿음은 볼 수 없는 것에 눈뜨게 하고,
사랑은 빤히 보이는 것에 눈멀게 합니다.

137

사랑하는 것보다 더 큰 행복은 없고,
사랑 받는 것보다 더 큰 성공은 없습니다.
사랑이 헤아릴 수 없는 우리의 허물을
가려주고 용서하기 때문입니다.

138

사랑은 나를 살리고 남도 살리지만,
중독은 나를 죽이고 남까지 죽입니다.
사랑은 모든 중독을 이깁니다.

139

휴지는 쓰레기통에 버리고
빨간 신호등 앞에 멈춰서고
주차장에서 차선 지키는 것이
사랑이고 정의입니다.

물은 나를 더럽혀 남을 깨끗하게 하고,
초는 나를 태워서 이웃을 밝히고,
사람은 나를 낮춰서 남을 섬깁니다.

141

시간이 없어서 못 만나는 것이 아니라
마음이 없어서 못 만나고,
돈이 없어서 못 돕는 것이 아니라
마음이 닫혀서 지갑을 못 엽니다.

이것저것 도와주는 것보다
한 가지라도 제대로 돕는 것이 낫고,
시도 때도 없이 도와주는 것보다
한 번이라도 제때에 돕는 것이 낫습니다.

143

내 것으로 도우면 언젠가 아깝고 서운하고 화납니다.
내 것 아닌 것을 갖고 도우면 아깝고 서운하고 알아주지 않아도
화날 일이 없습니다. 그런데 본래 내 것은 없습니다.

144

무는 개는 짖지 않고, 짖는 개는 물지 않습니다.
돕는 사람은 생색을 내지 않고,
생색을 내는 사람은 돕지 않습니다.

145

달빛은 아무리 밝게 빛나도
태양빛을 반사하는 것에 지나지 않고,
사람은 아무리 위대해 보여도
수많은 사람들의 도움과 희생이 가려져 있는 것에 불과합니다.

원수를 만들지 말아야 하는 까닭은
반드시 외나무다리에서 만나기 때문이고,
호의를 베풀고 잊어도 되는 까닭은
흘러 흘러서 반드시 돌아오기 때문입니다.

147
그리움은…

사랑입니다.

148

그 사람을 알고 싶다면
대접하면 알게 되고,
친해지면 더 알게 되고,
사랑하면 다 알게 됩니다.

149

대접받지 않으면 못 견디는 사람,
나서지 않으면 못 견디는 사람,
잊히는 것을 못 견디는 사람.
다 영혼이 허기졌기 때문입니다.

넷.

길은 사람에게로 이어진다

150

머리에 담았던 말은 머리로 전해지고,
마음에 담았던 말은 마음으로 전해집니다.
내 생각만으로 사람 마음을 움직일 수는 없습니다.

151

세상은…
돈 있고 힘 있으면 무슨 일이라도 할 수 있다는 사람들이 아니라,
돈과 힘으로도 할 수 없는 일이 있다는 것을 아는 사람들 덕분에
살 만한 세상입니다.

152

일 때문에 힘든 사람보다 관계 때문에 힘든 사람이 많고,
일 때문에 후회하는 사람보다
관계 때문에 후회하는 사람이 더 많습니다.
모든 일은 사실 관계에서 빚어집니다.

153

남의 물건을 훔치면 도둑 소리를 듣지만,
남의 마음을 훔치면 스타 소리를 듣습니다.
그러나 잃어버리는 편에서는
물건보다 마음 빼앗기는 편이 더 큰 손햅니다.

154

미로는 길이 없는 곳이 아니라
길 아닌 곳을 길인 줄 알고 속는 곳입니다.
인생의 미로는 길이 없는 삶이 아니라
대로처럼 보이는 막다른 길을 수없이 헤매는 삶입니다.

155

비판은 내 생각의 수준을 드러내고, 비난은 내 인격의 수준을 드러냅니다. 그래서 웬만하면 오래 참는 편이 낫습니다.

156

불평하는 사람과 함께 있다가 불평하게 되고, 감사하는 사람과 함께 있다가 감사하게 됩니다. 함께 있다가 영향을 받고 같이 다니다가 전염됩니다.

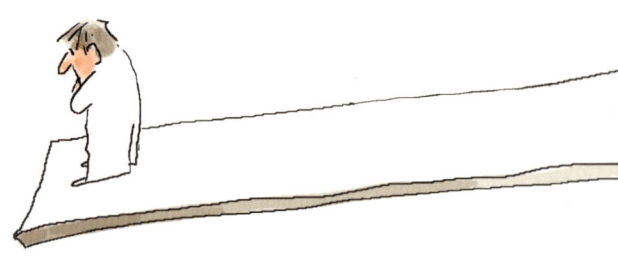

157
교만은 사람들을 겪어볼수록 나만한 사람이 없어서 놀라고, 겸손은 사람들을 만나볼수록 어느 한사람 평범한 사람이 없어서 놀랍니다.

158

가짜끼리 서로 누가 진짜인지를 다퉈봐야 결론이 없고, 가짜끼리 누가 더 가짜인지를 가려봐야 의미가 없습니다.

159

내가 좋아하는 사람보다 내가 싫어하는 사람이 많다면, 나를 좋아하는 사람보다 나를 싫어하는 사람이 더 많은 것을 당연히 여겨야 합니다.

160

사람이 무서워서 일을 피할 것도 없고, 사람 눈에 드러나려고 일에 미칠 것도 없습니다. 사람 시선을 좇다가 일이 아니라 사람에 묶입니다.

161
사람과의 관계를 풀기 위해서는 내가 다른 사람들 눈에 들고 마음에 들려고 애쓰는 것보다, 내가 다른 사람을 좋게 보고 마음에 품으려고 애쓰는 것이 훨씬 수월합니다.

162

남과 비교하는 사람은
결코 내가 원하는 목적지에 이를 수가 없습니다.
남이 너무 많기 때문입니다.

163
다시는 보고 싶지 않은 사람과 헤어져도 시원치가 않고,
죽이고 싶도록 싫은 사람이 죽어도 행복하지 않습니다.
미움의 근원은 그가 아니라 그에게 투영된 나이기 때문입니다.

164

겸손한 눈에는
내가 할 일이 보이고,
교만한 눈에는
남이 할 일만 보입니다.

165

편식하면
몸이 병들고,
편견을 키우면
영혼이 병듭니다.

166

내가 기분 나쁜 것은
내가 옳기 때문이 아닙니다.
내가 화가 난 것은
그 사람이 꼭 나빠서가 아닙니다.
섭섭하고 화가 나는 것은
내가 내 입장에만 머물러 있기 때문입니다.

167

나를 소중히 여기면서
남을 하찮게 여기는 것은
이기심 때문이고,
나를 소중히 여길 줄 몰라
남까지 하찮게 여기는 것은
절망감 때문입니다.

168

가끔 볼 때는 괜찮아도
자주 만나면 기대와 다르고,
멀리서 볼 때는 좋은데
가까이서 겪어 보면 그만 못합니다.
그러나 내 실망보다 그의 실망이
더 크다는 것도 기억해야 합니다.

169

내 꿈이 없으면
다른 사람들이 어떻게 되느냐에
너무 관심이 많고,
내 꿈이 작으면
다른 사람들이 이룬 것에
너무 속이 상합니다.

"아! 이 얘기를 꼭 그 사람이 들어야 하는데…."
맞습니다.
그 사람이 그 얘기를 들으면 좋겠지만
사실은 내가 꼭 들어야 하고
내가 또다시 들어야 할 때가 더 많습니다.

171

도움 받기보다 남 돕는 일이 더 어려운 까닭은,
돈이 들고 힘이 들어서가 아니라
생색내지 않기가 정말 어렵기 때문입니다.
생색내는 도움은 사실 나를 도운 것입니다.

172

살다 보면 거절할 수 없는 일이 있고,
거절해서 안 되는 일도 있고, 꼭 거절해야 할 일도 있습니다.
그러나 어떤 경우이건
말로 돌이킬 수 없는 상처를 주는 것은 금물입니다.

173

칭찬은 그 사람을 위한 말이고, 아첨은 나를 위한 말입니다.
좋은 말이라고 다 좋은 의도에서 나온 것이 아닙니다.
아첨을 칭찬으로 들으면 이미 그물에 걸린 것입니다.

칼보다 혀가 더 두렵습니다.
말의 상처가 몸의 흉터보다 깊습니다.
그래서 마음껏 말할 수 있는 이 시대에도
무거운 입이 소중합니다.
말이 없어도 오해가 생기고
말이 많아도 오해가 생깁니다.
그러나 말이 없으면 오해는 사라지지만
말이 많으면 오해는 더 많아집니다.

175

세상에 하고 싶은 말 다하고 좋은 관계를 유지하는 사람은 없습니다. 가까이 있건 멀리 있건 가정이건 직장이건 사이버 세상이건 다 마찬가집니다.

176

감사합니다. 그 말 한마디에 그만두고 싶던 일도 계속하게 됩니다. 죄송합니다. 그 말 한마디가 끊어질 뻔한 관계를 이어줍니다. 사랑은 고마워할 줄 알고 미안해할 줄 아는 마음입니다.

177

모든 소문은 동기에 따라 만들어지고 목적에 따라 전파됩니다. 분별하는 사람은 소문의 내용보다 소문의 동기와 목적에 더 귀를 기울입니다.

천국은 말 한마디 한마디가
위로와 기쁨이 되는 곳이고,
지옥은 말 한마디 한마디가
상처와 분노가 되는 곳입니다.

179

인생 여정에서
가장 자주 만나는 적은
사람들이 아니라
사람들을 쉽게 판단하는
내 안의 경박함과 조급함입니다.

180

마음이 평온해서 잠시 입을 닫고,
마음이 거칠어서 다시 입을 닫으면 세상이 조용합니다.

181

우리가 선악을 선불리 판단할 수 없는 까닭은
시작의 동기를 정확히 모를 뿐 아니라,
모든 끝의 정체를 제대로 알 수 없기 때문입니다.

182
착각은 내가 누군 줄을 모르고,
교만은 남이 누군 줄을 모르고,
만용은 세상이 어떤 줄을 모릅니다.

183
살아 있다는 것만으로 기쁘지 않다면
진정한 기쁨이 아닐지 모르고,
호흡하는 것만으로 감사하지 않다면
진정한 감사가 아닐지 모릅니다.
생명… 그 자체가 감사와 기쁨의 이유입니다.

184

병든 영혼은 비판에 금방 돌아서고,
아첨에 금세 넘어집니다.

185

사람에게 받은 상처는 대부분
마음에 담을 필요가 없는 남의 말을
생각 없이 내 마음에 담았다가 생긴 것들입니다.

겉은 흰데 속이 검은 사람보다는
겉은 검어도 속이 흰 사람이 낫습니다.
시간이 흐를수록 속이 겉으로 배어 나오기 때문입니다.

187

살아가면서 비밀이 많아지는 것은 내가 더 신비스러워지는 것이 아니라 내 영혼이 더 병들고 있다는 뜻입니다. 맑은 영혼은 감출 것이 없고, 건강한 관계는 숨길 것이 없습니다.

188

윗사람은 존경을 먹고 살고, 아랫사람은 칭찬을 먹고 삽니다. 거꾸로 윗사람은 존경 받을 만한 삶을 살아야 하고, 아랫사람은 칭찬받을 만한 일을 해야 합니다.

189

나를 돕는다고 다 친구가 아니고, 나를 욕한다고 다 적이 아닙니다. 도움 받다가 주저앉으면 도움이 오히려 손해고, 욕 듣다가 일어서면 욕이 도리어 이익입니다.

190

가까이 있는 사람들을 함부로 대하면서 낯선 사람들에게 정중한 것은 작은 위선이고, 눈에 보이지 않는 신에게 깍듯하면서 눈에 보이는 사람을 하대하는 것은 큰 위선입니다.

191

모든 사람이 나를 따르는 것 같아도
배신자가 있기 마련이고,
모든 사람이 내게 등을 돌린 것 같아도
나를 돕는 사람이 있기 마련입니다.

192

모든 이야기는 내 수준으로 받아들이고 내 수준으로 포장해서 내 수준으로 전합니다. 그래서 경청이란 그 사람의 이야기와 인격을 함께 듣는 일입니다.

193

나도 그도 사람은 다 변합니다. 다만 내가 변하고 있는 것보다 그가 변하는 것이 내 눈에 잘 뜨일 뿐입니다.

전체를 보지 않으면 부분은 제대로 이해되지 않습니다.
그래서 이해한다고 하지만 오해하는 일이 더 많고,
안다고 하지만 모르는 경우가 더 많습니다.

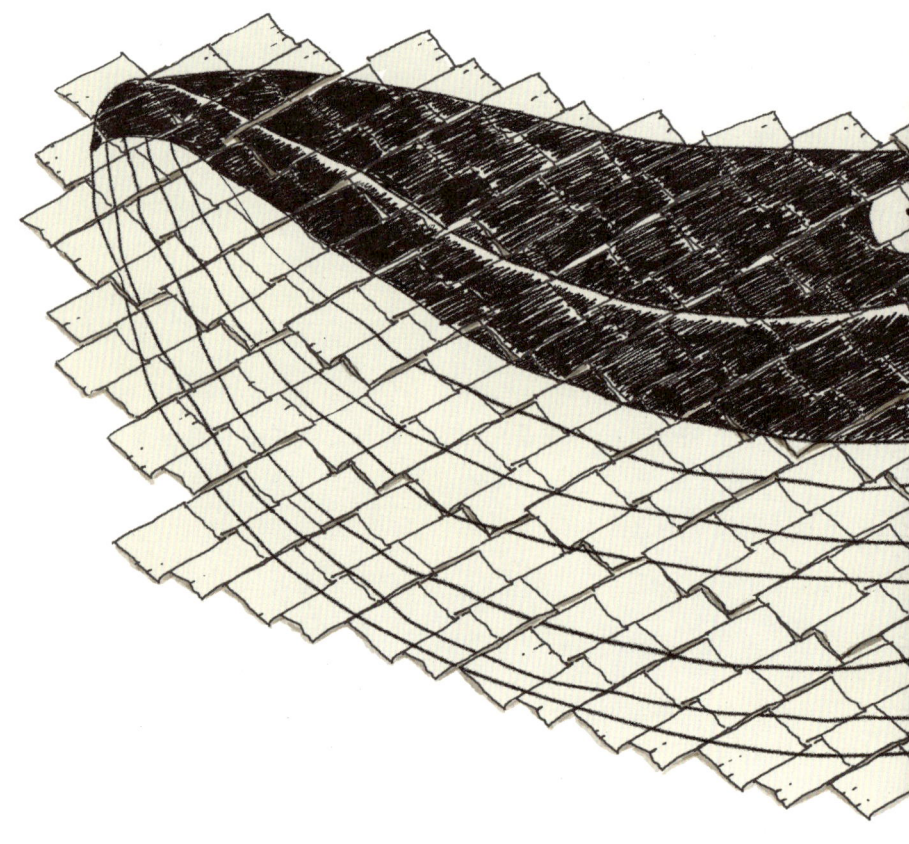

195
친구는

내 앞에서 짓는 얼굴 표정으로 가려지지 않고,
내 등 뒤에서 하고 다니는 말로 가려집니다.

196
남의 잘못을 보는 만큼 교만하고,
내 잘못을 보는 만큼 겸손합니다.
남의 잘못이 더 잘 보이는 만큼 더 교만해지고,
내 잘못이 더 잘 보이는 만큼 더 겸손해집니다.

197
신뢰는 위기를 기회로 만들고,

불신은 기회도 위기로 만듭니다.

198
죽어도 하고 싶지 않은 일 해도 죽지 않고,
죽어도 보고 싶지 않은 사람 봐도 죽지 않습니다.
부딪치면 견디고, 견디면 깨닫습니다.

199
돈이 불어나면 남보다 내가 더 빨리 바뀌고,
권력이 높아지면 나보다 남들이 더 빨리 바뀝니다.
돈과 권력이 사라지면 나도 남도 한순간에 다 바뀝니다.

옷장에 옷이 가득해도 마음에 드는 옷은 몇 벌이고,
세상에 사람이 넘쳐나도 마음에 드는 사람은 몇 명입니다.
옷과 사람 잘못이 아니라
내 취향이 좁고 내 마음이 얕을 뿐입니다.

201

속이 빤하지만 속아 주고 참아 주고 기다려 주기에
아이들이 어느새 어른이 됩니다.

202

티 하나 없는 얼굴도 없고, 결점 하나 없는 사람도 없습니다.
다만 가리고 살 뿐입니다.
그리고 많이 가릴수록 다른 사람을 하찮게 여깁니다.

203

좋은 인연이란 서로 다른 것을 존중하면서 사는 것이고,
악연이란 서로 다른 것을 경멸하면서 사는 것입니다.
어차피 사람은 서로 다릅니다.

204
인생에서 자유로운 삶이란
아무한테도 신경 쓰지 않는 삶이 아니라
오직 한 사람에게만 신경 쓰는 삶입니다.

205

차보다는 차 안에 타고 있는 사람이 더 중요하고, 말보다는 말 속에 숨어 있는 동기가 더 중요합니다.

206

사람과 사람의 만남은 기적이고 신비이고 영원에서 영원까지 맥이 닿아 있습니다. 만남… 정말로 우연이 아닙니다.

207

우리가 상상할 수 있는 것 이상으로 우리는 서로가 서로에게 필요합니다.

208

사람은 그야말로 제각각이어서 그토록 다르다는 것은 상식이고, 그렇게 다른 데도 하나가 될 수 있다는 것은 기적입니다.

갈등하면 있는 힘도 다 빠지고, 화목하면 없는 힘도 생깁니다.
불화하면 할 수 있는 일이 없고, 화합하면 못 할 일이 없습니다.

210

먼저 나를 용납하지 못하면 남을 용납할 수 없고,
먼저 나와 화합하지 않으면 남과 화합할 수 없습니다.

211

주위를 돌아보면 사방에 신음하는 사람이 있고
생명이 꺼져 가는 사람이 있습니다. 손 한번 잡아 주고 등 한번
두드려 주고 잔잔히 웃어 주기만 해도 살 만한 세상입니다.

212

얼굴은 땅의 기준이고,
마음은 하늘의 기준입니다.

213

모든 사람에게서 비난할 만한 잘못을 찾을 수도 있고,
모든 사람에게서 배울 만한 장점을 찾을 수도 있습니다.
시간이 흐를수록 내가 찾는 것에 나도 물듭니다.

214
어떤 향수의 향기보다 성품의 향기가 오래갑니다.

215
짐승은 약육강식이고,
인간은 약강상생입니다.

216
비교가 잦아들면 평안이 자라나고,
탐욕이 작아지면 인격이 자랍니다.

217
더불어 살기에는 좁은 학식보다 넓은 상식이 낫고,
팍팍한 지성보다 온유한 인성이 낫고,
빗나간 영성보다 반듯한 품성이 낫습니다.

218
살면서 가장 비싼 대가를 치러야 하는 것은
깨끗하지 않은 사람을 깨끗하게 만드는 것입니다.

219
성공은 다른 사람보다 나은 삶이 아니라,
남들과 비교하다 생긴 부러움과 서운함에서 풀려나는 것이고
시기와 분노로부터 자유로워지는 것입니다.

다섯.

나에게로 길을 걷다

내가 제일 고생하고 내가 다하는 것 같지만
누군가의 희생으로 내가 성장하고,
누군가의 아픔으로 내가 성숙합니다.

221

내가 보고 듣는 것들, 내가 생각하고 말하는 것들,
심지어 내가 먹고 마시는 것들 중에
내 인생에 하찮은 결정이 없고,
내 인생에 영향을 주지 않는 일이 없습니다.

내 미래를 앞당겨 사는 사람은
남의 과거를 시시비비할 겨를이 없고,
내 미래가 분명한 사람은
남의 미래를 부러워할 시간이 없습니다.

223

거울에 비치는 것은 세상이 아니라 허상입니다.
진짜 세상은 거울 앞에 있고 거울 뒤에 있습니다.

224

지혜는
골방에 있어도
드러나고,
어리석음은
광장에 있어도
드러납니다.

225

탁월함이란
다른 사람들이
한 번 생각할 때
천 번을 생각한 것이고,
다른 사람들이
천 가지를 생각할 때
한 가지만을
생각한 것입니다.

226

내가 분노로 지은 것은 남을 분노하게 만들고,
내가 슬픔 속에 노래한 것은 남도 슬프게 하고,
내가 목말라 디자인한 것은 남까지 목마르게 합니다.
나는 세상에 반드시 투영됩니다.

227

나쁜 버릇은 어떻게든 고쳐야 합니다.
지혜로운 사람은 맞기 전에 고치고,
어리석은 사람은 맞고 나서 고치고,
고집스런 사람은 맞고도 안 고치다 또 맞습니다.

228
내가 나를 비난하지 않는 기준을
다른 사람에게 적용하면
세상에 비난할 사람이 그리 많지 않습니다.

229

남을 쳐다보는 시간의 반의반이라도
나를 들여다보면
남을 비난할 시간은 그만큼 줄어들고,
나를 고칠 수 있는 시간은 그만큼 늘어납니다.

나를 깊이깊이 들여다보면
세상에 그토록 미워할 사람도 없고,
주위에 그렇게 부러워할 사람도 없습니다.

231

옳은 사람은 내가 언제나 틀릴 수 있다고 인정하고,
그른 사람은 처음부터 끝까지 내가 옳다고 주장합니다.
그러니 옳고 그른 사람 구별하기가 얼마나 쉽습니까.

232

많이 안다는 것은
내가 얼마나 많이 모르고 있는지를
조금 더 분명히 알게 되었다는 뜻입니다.

233
남을 속인 것이 영원히 감춰지는 법은 없습니다.
게다가 누구도 모르는 땅의 비밀은
모두가 다 아는 하늘의 스캔들입니다.

234
휴양지에서도 다툴 수 있고, 일터에서도 웃을 수 있습니다.
어디 있느냐보다 누구와 있느냐가 중요하고,
누구와 있느냐보다 내가 어떤 사람인지가 더 중요합니다.

235

내 안에 켜켜이 쌓인 허물을 살피면 그의 비난을 참을 수 있고,
그 사람 안에 수없이 생긴 상처를 헤아리면 나에 대한 분노를
이해할 수 있습니다.

236

내가 싫어하는 사람보다 나를 싫어하는 사람이
더 많다는 것을 잘 모릅니다.
내가 힘들어하는 사람보다 나를 힘들어하는 사람이
더 많다는 것을 잘 모릅니다.
이것을 안다면 매사에 날을 세우지 않습니다.

237

둘 다 되돌아보다가 하게 되지만 후회는 독이 되고,
회개는 약이 됩니다.

238

내가 나를 모르면 모를수록 나는 괜찮은 사람이고,
내가 나를 알면 알수록 나는 끔찍한 사람입니다.

239

죄인은 선을 모르는 사람이 아니라
날마다 선을 외면하고 돌아서는 사람이고,
성자는 죄를 안 짓는 사람이 아니라
날마다 죄를 깨닫고 돌아서는 사람입니다.

240

성자도 고백할 수 없는 과거가 있고,
죄인도 상상할 수 없는 미래가 있습니다.
성자도 힘겨운 일상이 있고,
죄인도 기쁨의 순간이 있습니다.

241

사랑하는 만큼 내가 넓어지고,
미워하는 만큼 내가 좁아지고,
위선하는 만큼 내가 굽어집니다.

242

미숙은 나 중심이고 성숙은 너 중심입니다. 성숙을 가장한 미숙은 너 중심이라고 끝없이 주장하는 나 중심입니다. 성숙은 정말 고집부리지 않고 떼쓰지 않습니다.

243

내가 나를 불쌍히 여기면 비참하게 되지만, 내가 남을 불쌍히 여기면 성숙하게 됩니다. 자기연민은 내가 내 앞에 치는 덫입니다.

244

비난도 한 가지 일 때문에 퍼붓지 않고, 분노도 한 가지 일 때문에 폭발하지 않습니다. 다 쌓이고 쌓인 것들의 도화선에 불이 붙은 것뿐입니다.

245

모양이 바뀌고 겉이 달라진다고 해서 새로워지는 것은 아닙니다.
진정한 새로움은 항상 겉이 아니라 속에서 시작됩니다.

246

물건 값이 비싸다고 여기는 것은
품질이 그만 못하다고 생각하기 때문이고,
일이 힘들다고 불평하는 것은
그 일이 내가 정성을 다할 가치가 없다고 생각하기 때문입니다.

247

내가 사사건건 반대하고 끝없이 반대하고 있다면
내 밖의 문제가 아니라 내 안의 문제입니다.

248

내가 이미 예전의 내가 아님을 깨닫지 못하면
그가 이미 예전의 그가 아님을 받아들이지 못합니다.
나도 제자리에 머물러 있지 않고
그도 그 자리에 머물러 있지 않습니다.

249

사람들이 나를 정상으로 여기도록
나를 감추고 포장하는 방법을 터득하는 것은
성숙과 상관이 없습니다.
우리는 어딘가 한구석은 모두 비정상이어서
성숙은 오히려 그 약점을 드러내는 것입니다.

250

우리는 길을 잃은 것이 아니라…
다만 자기 자신 속에 갇혀 있을 뿐입니다.

251

할 수 있다는 사람이 하면 안 될 일도 되고,
할 수 없다는 사람이 하면 될 일도 안 됩니다.
감사하는 사람이 하면 풀리지 않을 일도 풀리고,
불평하는 사람이 하면 풀릴 일도 안 풀립니다.

252

장식장에 있을 때는 싼 그릇 비싼 그릇을 따지지만,
음식을 먹을 때는 깨끗한 그릇 더러운 그릇을 따집니다.

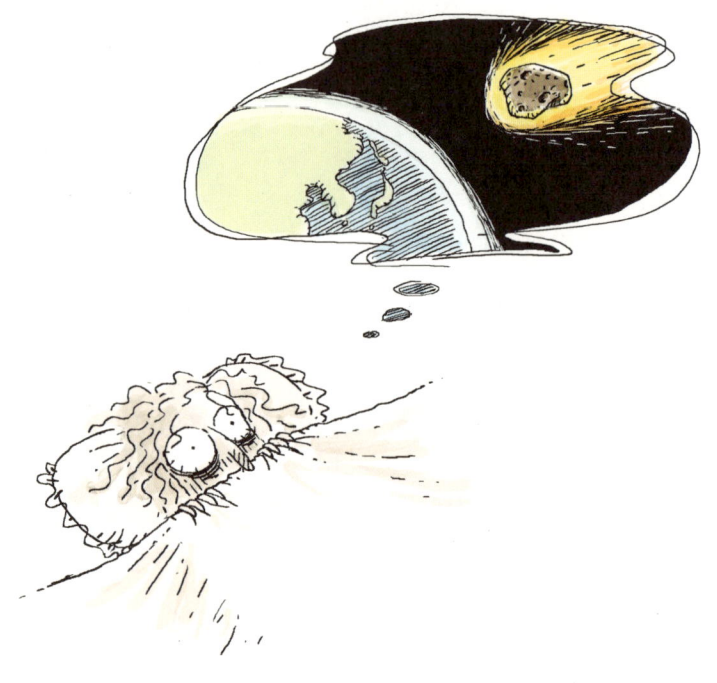

할 수 있는 일은 하면 되고 할 수 없는 일은 염려하지 않으면 됩니다. 염려하면 할 수 없는 일을 못할 뿐더러, 할 수 있는 일도 염려하는 버릇이 생깁니다.

254

내 안에 있는 악을 살펴보면 남의 악을 그토록 비난할 수 없고, 내가 지닌 허물을 돌아보면 남의 허물을 마냥 나무랄 수 없습니다. 죽는 날까지 나는 악하고 허물투성입니다.

255

하고 싶은 일을 내가 하지 못하면 변명거리를 찾고, 하고 싶은 일을 남이 하면 시빗거리를 찾습니다. 인생에 변명거리와 시빗거리 찾는 시간이 가장 아까운 시간입니다.

256

상식을 소중히 여기는 것보다 건강한 인격이 없고,
약속을 제대로 지키는 것보다 신실한 성품은 없습니다.

257

먹지 않아도 될 것을 먹고 마시지 않아도 될 것을 마시고
하지 않아도 될 말을 하다가
인생에 진실로 중요한 것들을 다 놓칩니다.

258

내가 보는 것이 다가 아니고, 내가 듣는 것도 전부가 아닙니다. 내가 느끼는 것이 다가 아니고, 내가 생각하는 것도 전부가 아닙니다. 나는 언제나 모자라고, 나는 항상 틀릴 수 있습니다.

259

내가 지금 통제하지 않는 것이 언젠가 나를 통제할 것이고, 내가 지금 돌이키지 않는 일이 후에 나를 돌이킬 수 없는 길로 끌어갈 것입니다. 지금은 결코 늦지 않은 때입니다.

260

내가 나를 부릴 수 있다면 세상에 누구를 부리지 않아도 그만입니다. 세상 사람들을 종으로 삼고 싶어도 오직 나 한 사람 다스리는 것으로 족합니다.

261

바쁘게 사는 것보다 바르게 사는 것이 낫고,
죽도록 일하는 것보다 옳은 일 하는 것이 낫습니다.

262

내가 보고 듣고 기억하는 것은
진실이 아니라 내 취향입니다.

263
동기가 맑지 않으면 마음이 어둡고, 방법이 바르지 않으면 마음이 불편합니다.

264
내가 왜 이 일을 하는지 모른다면 그 일을 하지 않아도 그만이고, 내가 왜 이 음식을 먹어야 하는지 모른다면 그 음식을 먹지 않는 편이 낫습니다.

265

지혜가 부족하면 결심이 위태롭고, 믿음이 없으면 결단이 충동적이고, 꿈이 없으면 남의 결정에 휘둘립니다.

266

내가 간절히 원하는 것을 원하는 때 원하는 방법으로 얻지 못한다 해도 결코 실패가 아닙니다. 인생의 실패는 이루지 못하는 것이 아니라 무엇을 원하는지 모르는 것입니다.

267
정직과 거짓은 내 삶의 구석구석에 스며들어 나도 모르는 사이에 내 인생 전체를 바꾸어 놓습니다.

268

습관이 운명을 좌우합니다. 습관에 길들여지느라 인생의 반을 보내고, 길들여진 습관에 묶여서 나머지 반을 보냅니다.

269

내가 인생과 세상의 중심이라고
생각하는 동안에는
일생 어떤 중심에도
이를 수가 없습니다.

270

내가 바뀌지 않고
가정이 바뀌는 법이 없고,
인간이 바뀌지 않고
세상이 바뀌는 법은 없습니다.

271

스스로 약하다고 생각하면
강한 사람에게 지고,
스스로 강하다고 생각하면
자신에게 집니다.
이길 생각을 버리는 길이
진짜 이기는 길입니다.

272

나를 자랑하면 자랑할수록 불안하고,
나의 영광을 추구하면 추구할수록
허무합니다.
나는 그런 목적으로
이 땅에 오지 않았기 때문입니다.

273
교만은 남을 비웃고,

겸손은 나를 비웃습니다.

274

내가 약하다는 것을 인정하는 것은 약해서가 아니라 오히려 대담해서이고, 내가 약하다는 것을 부인하는 것은 강해서가 아니라 오히려 두려워서입니다.

275

내가 하지 않아도 그 일이 이루어지는 것이 기쁘다면 꿈꾸는 것이고, 내가 그 일을 이루어야만 기쁘다면 욕심내는 것입니다. 우리는 다 꿈보다 욕심이 많습니다.

276

모든 중독은 내가 마음만 먹으면 언제든지 그만둘 수 있다고 착각하는 탓입니다. 유혹은 절대로 호락호락하지 않고 나는 절대로 그렇게 단호하지 않습니다.

277

내 것 아닌 것을 지녔는데 자랑하고, 내 것 아닌 것을 쌓아 놓고 우쭐댑니다. 사는 동안 잠시 내가 맡은 것들은 옷걸이에 잠시 걸린 옷이나 같습니다.

278

나 한 사람을 바꾸는 것이
　　　온 세상을 바꾸는 것보다 훨씬 쉽지만,

자존심을 내려놓는 것이
　　　온 세상을 바꾸는 것보다 어려워서 못합니다.

279

인생은 내가 생각하는 만큼 단순하지 않고,
내가 원하는 만큼 나를 위로해 주지 않아서
나를 판단의 중심에 두는 만큼 힘들고 어렵고 불행합니다.

280

인생을 나로부터 풀어 가면 절망하고,
세상으로부터 풀어 가면 분노하고,
풀기를 단념하면 허무합니다.

281

신에게는 인간이 가장 큰 도전이고,
인간에겐 자신이 가장 큰 도전입니다.

282

어리석은 사람은 남을 바꾸려다 내 일생을 다 보내고,
지혜로운 사람은 나 한 사람 바꿔서 세상이 바뀌는 것을 봅니다.

283

내가 하고 싶은 일을 하지 못한 이유는 한 가집니다.
간절히 원하지 않았기 때문입니다. 간절히 원하면 못할 핑계를 찾지 않고 다른 사람 시기하지 않습니다.

284

남에게 속는 사람보다 자신에게 속는 사람이 훨씬 더 많습니다.
자신에게 속고 있다는 것을 모르기 때문에
자신으로부터 벗어날 길이 없습니다.

285

인격이 성숙할 수만 있다면
아무리 값비싼 대가를 치르더라도 아까워할 것이 없습니다.
성숙한 인격보다 값진 것이 없기 때문입니다.

286

지각없는 사람들과 다니다가 지각을 잃어버리고,
꿈이 없는 사람들과 지내다가 꿈을 잃어버립니다.

287

생각을 사로잡지 않으면 생각에 끌려다니고,
마음을 다잡지 않으면 마음에 끌려다닙니다.
생각과 마음은 자칫 내가 아니라 세상이 나를 부르는 곳입니다.

288

입과 혀보다는 손과 발이 정직하고,
손과 발보다는 피와 땀이 더 정직합니다.

289

밤에만 꿈꾸는 사람은 낮에도 꿈꾸는 사람을 못 따라갑니다.

290

다른 사람에게 내가 누구인지를 증명하기 위해 그리고 내가 얼마나 가치 있는 존재인지를 설득하기 위해 우리는 이 땅에 오지 않았고, 우리의 시간은 그럴 만큼 많지 않습니다.

사라져 버릴 백일몽은 시간이 지나면 잊히지만
일생을 품어야 할 꿈은 시간이 갈수록 뚜렷해집니다.

야망은 하수인이 필요하고,
꿈은 동반자가 필요합니다.
야망은 감추어야 하고,
꿈은 드러내야 합니다.

293

마음은 느낌의 중심이 아니라
인격의 중심입니다.
가장 먼저 지켜야 할 것은
돈과 권력이 아니라 내 마음입니다.

294

가짜보다 진짜가 괴로운 까닭은 가짜는 자신이 가짜라는 것을 쉽게 잊어버리기 때문이고, 진짜는 가짜가 되지 않기 위해 날마다 몸부림치기 때문입니다.

295

비전을 갖되 비열하지 않고, 열정을 갖되 열 받지 않고, 집념을 갖되 집착하지 않으면 이루지 못할 일은 있어도, 후회할 일은 없습니다.

296

천의 얼굴로 천 사람을 얻어도 내 진짜 얼굴 하나를 잃어버리면 모든 것이 헛일입니다. 사람 얼굴은 하나로 족합니다.

여섯.

새로운 길을 가는 사람

297

결코 포기하지 않는 사람들에게 인생은
반전과 역전의 연속일 뿐입니다.

298

지혜는 모든 것을 경험해서가 아니라
신뢰할 만한 인격을 받아들임으로써 얻습니다.
지혜는 속 좁은 나를 의지하지 않고,
고집스런 내 생각에 묶이지 않습니다.

299

잠시의 기쁨에도 불구하고
모든 승리는 또 다른 시련의 시작이고,
잠시의 슬픔에도 불구하고
모든 패배는 새로운 시도의 기회입니다.

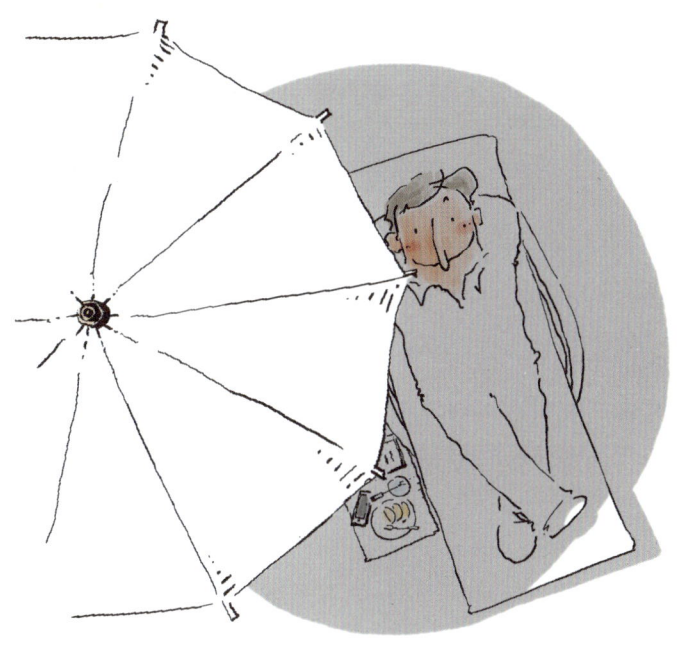

300

일이 풀려서 웃는 것이 아니라
일이 꼬였지만 웃다가 풀립니다.
넉넉해서 마음이
너그러워지는 것이 아니라
마음을 다스리다가
넉넉함을 경험합니다.
만사가 선후에 달렸습니다.

301

인생의 의미와 가치는 위대한 일 한 가지에 있는 것이 아니라, 헤아릴 수 없이 많은 작은 일 속에 스며 있습니다.

302

새로운 일을 시도하는 사람과 새로운 길을 가는 사람을 가로막는 것보다 우리의 앞길을 가로막는 일은 없습니다.

넘어지는 방법은 수없이 많지만
일어서는 방법은 한가집니다. 두 발로 일어서는 것입니다.

304

내가 누군가로부터 위로 받을 때 회복을 경험하지만, 내가 위로를 받아야 마땅한 상황에서도 오히려 내가 누군가를 위로할 때 나는 더 빨리 회복됩니다.

305

받을 자격이 안 되는데 받았다고 생각하면 마음속에서 감사가 솟아나고, 받을 자격이 넘치는데 덜 받았다고 생각하면 입 밖으로 불평이 쏟아집니다.

306

이미 벌어진 일에 입을 닫으면 불평할 일이 없고, 이미 끝난 일의 시비를 멈추면 다툴 일이 없습니다. 그래야 미래로 갑니다.

307

평생 먹구름 아래 사는 사람도 없고, 일생 뙤약볕 아래 사는 사람도 없습니다. 시간은 지나가고, 시간은 끝이 있습니다.

308

아프지 않으면 알 수 없는 외로움이 있고, 외롭지 않으면 알 수 없는 아픔이 있습니다. 돌이켜보면 그 아픔과 외로움도 인생의 아름다운 선물입니다.

309

좋은 차를 타는 것보다 걸을 수 있는 것이 축복이고, 비싼 음식을 먹는 것보다 소화할 수 있는 것이 축복입니다.

310

물이 다 빠진 것 같아도 나무의 뿌리는 물을 머금고,
어둠 속에 모든 것이 멈춘 것 같아도 가지의 잎은 자랍니다.

311

쉬운 길과 힘든 길 중에서 바른 길은 대부분 힘든 길이고, 이익 보는 길과 손해 보는 길 중에서 선한 길은 대부분 손해 보는 길입니다. 문제는 알아도 선택하지 않는 것입니다.

312

인생의 능력은 내 마음대로 되지 않는 일들 사이에 주저앉지 않고 다시 일어서는 힘입니다. 일어서기만 하면 누구나 끝까지 갈 수 있습니다.

313

내 인생의 목적을 알면 하나님의 섭리고 모르면 그냥 팔잡니다.

314

잃지 않으면 결코 얻을 수 없는 것이 있고, 아프지 않으면 절대로 느낄 수 없는 것이 있습니다. 상실 속에서만 빚어지는 아름다움이 있고, 고통 속에서만 머금는 향기가 있습니다.

315

토기는 진흙으로 빚고, 영혼은 눈물로 빚습니다. 다 고통의 선물입니다.

316

행복해지는 가장 빠른 길은 잘 웃는 사람 곁에 있는 것이고, 불행해지는 가장 빠른 길은 쉴 새 없이 불평하는 사람 곁에 있는 것입니다. 행복과 불행은… 쉽게 감염되기 때문입니다.

317

목표에 미달한 것이 실패가 아니라 목표가 없는 것이 실패이고, 목적지에 이르러서 성공하는 것이 아니라 목적지를 바라보는 것이 이미 성공입니다.

318

인생은 새 길이 필요하기보다 지금 있는 곳에 주저앉아 있지 않고 자리를 털고 일어나는 결단이 더 필요합니다.

319

생각만 해도 가슴 뛰는 일을 가졌다면 그는 이미 행복한 사람이고, 누구에게도 빼앗기지 않는 기쁨을 찾았다면 그는 이미 성공한 사람입니다.

320

믿음은 눈앞의 현실이 아니라 다가올 현실을 바라보는 눈입니다.
그래서 믿음은 눈앞의 증거가 필요하지 않습니다.

321
내가 십자가를 지고 가는 것이 아니라
십자가가 나를 안고 갑니다.

322

꿈이 이루어지는 것은 미래이지만, 꿈이 이루어지는 삶은 언제나 현재입니다. 꿈은 늘 미래를 현재에 담아 줍니다.

323

세상이 변한다고 내가 변하지 않고, 세상이 나아진다고 내가 나아지지 않습니다. 내가 달라져야 세상이 달라지고, 내가 새로워져야 세상이 새로워집니다.

324

인생의 성공이란 바른 목표를 가진 사람이 지금 어디로 가고 있는지를 아는 삶입니다.

325

나한테 하는 말인가. 맞습니다. 내가 해야 하나. 맞습니다. 내가 가야만 할까. 맞습니다. 갈등을 오래 겪지 않는 길은 제때 결정하는 것입니다. 언제나 오랜 갈등이 더 큰 손실입니다.

326

안전벨트를 매지 않아도 대부분 문제가 없지만 안전벨트가 결정적일 때 나를 구하고, 정직하지 않아도 많은 경우 별 탈이 없지만 정직이 결정적일 때 나를 살립니다.

327

아무도 나를 지켜보지 않을 때에도 모두가 나를 주목할 때와 마찬가지로 내 마음과 뜻을 다할 때 실력과 영성이 함께 자랍니다.

328

문제를 바라보는 사람은
문제 속에 살고,
해답을 바라보는 사람은
해답 속에 삽니다.

329

이름은 내가 나를 부르기 위해 지은 것이 아니라
남이 나를 부르기 위해 지은 것이고,
인생은 내가 나를 위해 태어난 것이 아니라
누군가를 위해 내가 보내진 것입니다.

330

꿈 없이 시작된 일이 없고, 땀 없이 진행된 일이 없고,
인내 없이 완성된 일이 없습니다.
그리고 모든 과정에는
열정과 고통이 배어 있습니다.

일곱.

위대한 여정은 위대한 귀환이다

331

평안한 것은 일이 없어서가 아니라 무엇인가 하고 싶은 일을 할 수 있기 때문이고, 감사한 것은 많이 가져서가 아니라 작은 것이라도 함께 나눌 수 있는 넉넉한 마음 때문입니다.

332

내가 이해할 수 없는 사람을 만난 것은 그 사람을 위한 만남이고, 내가 원치 않는 곳에 가게 된 것은 그곳을 위한 걸음입니다. 견뎌내면 내가 더 성숙합니다.

333

힘 있는 사람은 문제의 가지를 꺾고,
똑똑한 사람은 문제의 싹을 자르고,
지혜로운 사람은 문제의 뿌리를 뽑습니다.

334

넓게 배려하는 만큼 넓게 살고,
높이 바라보는 만큼 높게 살고,
깊이 생각하는 만큼 깊게 삽니다.

335

큰 것을 얻었다는 말은 작은 것을 버렸다는 말이고,
생명을 얻었다는 말은 누군가 다른 사람의 생명이
희생됐다는 말입니다.

336

사과나무의 성공은 가지에 사과가 열리는 것이고,
사람의 성공은 인생에 사람이 열매 맺는 것입니다.

337

영원한 것을 위해 잠시 눈앞에 보이다가
안개처럼 사라져버릴 것들을 아낌없이
그리고 남김없이 쓰는 것보다 지혜로운 선택은 없습니다.

338

사람을 사랑하는 일은
얼굴빛을 살피고 형편을 알아보는 일입니다.

339

세상에 내 것은 없습니다.
그 사실을 일찍 깨닫는 사람과 늦게 깨닫는 사람과
못 깨닫는 사람이 있을 뿐입니다.

340

지식은 머리로 전해지고,
이념은 가슴으로 전해지고, 신앙은 생명으로 전해집니다.

341

우리가 받는 기쁨은
늘 베푸는 것을 기쁨으로 여기는 누군가의 깊은 마음이고,
우리가 겪는 아픔은
스스로 견디다 못해 이웃에 건네준 누군가의 아픈 마음입니다.

342

누군가를 사랑하면서도 잃은 것이 없다면
사랑하지 않은 것입니다.

343

사랑은

사람을 가장 사람답게 대하는

오직 한 길입니다.

344

물건은 값을 아는 자가 탐을 내고,
사람은 가치를 아는 자가 섬깁니다.

345

내게 아무 득이 되지 않는 사람을
존중하고 배려하는 것보다 더 큰 사랑은 없습니다.

346

기도는 마음입니다.
예배는 삶입니다.
교회는 사람입니다.

347

사람을 살리는 것은 돈이 아니라 마음이고, 사람을 세우는 것은 힘이 아니라 마음입니다. 마음이 빠지면 도움도 상처를 남깁니다.

348

오늘 하루 누군가 주저앉아 일어서지 못하는 사람이 눈에 띄면 그의 손을 잡아 주고 등을 두드려 주세요. 그 사람, 내게 맡겨진 사람이 아니라면 왜 내 눈에 밟히겠습니까.

349

나침반은 끝없이 지나가는 땅의 행인을 보고 만든 것이 아니라,
늘 제자리에 있는 하늘의 별을 보고 만든 것입니다.

350

일상 속의 기적에 눈을 뜨면
더 이상의 기적이 필요하지 않습니다.
삶의 순간순간이 경이로우면
더 이상의 경이가 중요하지 않습니다.

351

인생에 목적이 없으면 수명이 다해야 돌아가고,
목적이 있으면 소명을 다해야 돌아갑니다.

352

새롭게 도전하는 삶은
안주할 수 있지만 떠나고,
다 가졌지만 버리고,
살기 위해서 죽습니다.

353
얼어붙은 강을 건널 때는
내 확신보다 얼음의 두께가 더 중요하고,
암벽을 등반할 때는
내 용기보다 밧줄의 튼튼함이 더 중요합니다.

땅이 끝나는 곳에서 바다가 시작되고,
바다가 끝나는 곳에서 땅이 시작됩니다.
언제나 어디서건 끝은 끝이 아니라 항상 새로운 시작입니다.

355

누군가 미운 생각이 들 때마다 기억하십시오.
생각보다 빨리 그가 내 눈앞에서 사라질 것이고,
생각보다 훨씬 빨리 나도 이 세상에서 영원히 사라질 것임을….

356

겸손은 나를 낮추는 것이 아니라
나보다 높은 존재를 바라보는 것입니다.

357

기도는 눈에 보이는 모든 것들이
눈에 보이지 않는 것에서 비롯되었을 뿐만 아니라,
눈에 보이는 것보다 보이지 않는 것들이 더 중요하다는 것을
기억하는 삶입니다.

358

편법은 세상의 지혜이고, 정도는 하늘의 지혜입니다.
바른 길이 하늘의 길이고 바른 길이 사는 길입니다.

359

위대함은 정직하고 단순하고 분명하고 열려 있어서
가장 쉽게 전염됩니다.

360

행복한 삶은 감사하는 삶입니다.
위대한 삶은 감사하는 삶입니다.

361

지금 이 순간 감사하지 않으면 감사할 때가 쉽지 않고,
여기 이곳에서 감사하지 않으면 감사할 곳이 많지 않습니다.
감사하는 사람은 늘 지금 여기에서 감사를 선택합니다.

362

땅의 일이 시작되는 곳은 땅이 아니라 하늘이고,
땅의 일이 끝나는 곳도 땅이 아니라 하늘입니다.

363

진리는 내가 찾아가서 얻는 것이 아니라
내게 이미 찾아온 것에 눈뜨는 것입니다.

364

인생을 여행하는 사람은 내 일정이 기준이고,
인생을 경주하는 사람은 남의 일정이 기준입니다.
여행은 귀환이 목적이고, 경주는 남을 이기는 것이 목적입니다.

365
위대한 귀환이 없으면 위대한 여정은 없습니다.

새롭게 시작하는
당신을 응원합니다!